DOCUMENTS SUR LES ÉVÉNEMENTS DE 1870-71.

MESSAGES

DE

M. THIERS

(PREMIÈRE PARTIE — 1er ET 13 SEPTEMBRE 1871)

Le Message devant la Presse Parisienne

PARIS

LIBRAIRIE DES BIBLIOPHILES

Rue Saint-Honoré, 338.

M DCCC LXXI

DOCUMENTS

SUR LES ÉVÉNEMENTS DE 1870-1871

———

MESSAGES DE M. THIERS

DOCUMENTS

SUR LES ÉVÉNEMENTS DE 1870-71.

NOTA. — *Cette série de publications sera continuée.*

TABLETTES QUOTIDIENNES

DU SIÉGE DE PARIS

Réimpression de la LETTRE-JOURNAL

Un vol. gr in-8°. — 3 FR.

MESSAGES

DE

M. THIERS

(PREMIÈRE PARTIE — 1er ET 13 SEPTEMBRE 1871)

PARIS

LIBRAIRIE DES BIBLIOPHILES

RUE SAINT-HONORÉ, 338

1871

Ayant l'intention de faire entrer dans notre collection de documents contemporains les messages du président de la République, nous aurions pu attendre, pour les publier, qu'ils fussent plus nombreux. Mais l'importance tout exceptionnelle de celui qui vient d'être lu à la séance du 13 septembre nous a déterminé à le faire paraître immédiatement. Ce message, en effet, en même temps qu'il accuse avec une grande netteté les intentions du chef de l'État, donne un exposé de notre situation politique au mois de septembre 1871. Nous avons cru devoir compléter cet exposé en réunissant sous ce titre : *Le Message du 13 septembre devant la presse parisienne*, les appréciations des principaux journaux de Paris, que nous avons choisies de façon à présenter, aussi exactement que possible, les différentes nuances de l'opinion publique.

Cet ensemble, nous l'espérons, intéressera nos lecteurs. Publié au moment où la politique va entrer dans une période de calme et de recueillement, il sera comme un point de repère auquel on pourra se reporter lorsque les affaires publiques auront repris leur cours.

MESSAGES DE M. THIERS

PREMIER MESSAGE

ADRESSÉ PAR LE PRÉSIDENT DE LA RÉPUBLIQUE
A M. LE PRÉSIDENT DE L'ASSEMBLÉE NATIONALE
LE 1ᵉʳ SEPTEMBRE 1871

Monsieur le président,

Mon premier message ne doit et ne peut avoir qu'un objet, c'est de vous prier d'être mon interprète auprès de l'Assemblée nationale et de la remercier de l'honneur qu'elle m'a fait en me décernant la première magistrature de la République, et surtout en me donnant un nouveau témoignage de sa haute confiance.

S'il suffit, pour mériter cette confiance, d'un dévouement absolu aux intérêts publics, j'ose dire que j'en suis digne, et je remercie toutes les parties de l'Assemblée nationale d'avoir oublié les dissentiments qui peuvent, sur quelques points, les diviser, pour communiquer au pouvoir une force plus grande et lui fournir ainsi de plus grands moyens de faire le bien.

L'Assemblée peut compter qu'uni profondément à elle, uni d'intention et de durée, je tâcherai de panser les plaies de notre malheureux pays et de le rendre le plus tôt possible libre, bien ordonné, pacifié au dedans et au dehors, affranchi de l'invasion étrangère, et, de plus, honoré, aimé, s'il est possible, des nations des deux mondes.

Tel sera le but constant de mes efforts, et, si l'Assemblée nationale et moi nous parvenons à l'atteindre, à en approcher du moins, nous pourrons, au terme de nos travaux, nous présenter sans crainte au pays, et lui transmettre intact le précieux dépôt qu'il nous avait confié.

En terminant ce message, je vous remercie, monsieur le Président, du concours que j'ai toujours trouvé auprès de vous, et je vous prie d'agréer l'expression de ma haute et affectueuse considération.

DEUXIÈME MESSAGE

LU PAR LE MINISTRE DE L'INSTRUCTION PUBLIQUE
A LA SÉANCE DU 13 SEPTEMBRE 1871

Messieurs,

Le devoir du Gouvernement, intéressé à la bonne distribution de vos travaux autant que vous êtes intéressés à la bonne distribution des siens, car les uns et les autres doivent tendre au bien commun du pays, le devoir du Gouvernement est de vous faire connaître son sentiment sur la résolution qui vous est proposée.

Vous êtes réunis depuis près de huit mois, et ces huit mois, vous le savez, ont été aussi remplis que des années. Conclure la paix, ressaisir les rênes du gouvernement éparses ou brisées, transporter toute l'administration de Bordeaux à Versailles, dompter la plus terrible insurrection qui fut jamais, rétablir le crédit, payer notre rançon à l'ennemi, veiller chaque jour sur les incidents de l'occupation étrangère pour en prévenir les suites, quelquefois très-inquiétantes (Mouvement), entreprendre une nouvelle constitution de l'armée, rétablir nos relations commerciales par des négociations avec tous nos voisins, arriver enfin à la libération du sol, qui chaque jour s'avance, et essayer de rétablir l'ordre dans les pensées après l'avoir rétabli dans les actes : voilà, depuis près de huit mois, ce que nous faisons ensemble ; et vous savez que dans ce travail, si votre part est bien grande, la nôtre ne l'est pas moins.

Or, après tant d'efforts, nous demanderions aujourd'hui un instant de repos au pays, que le pays serait trop juste, trop sensé, trop habitué lui-même à mesurer la limite des forces humaines, pour nous le reprocher.

Mais ce n'est pas de repos qu'il s'agit. Mes collègues et moi, ce n'est pas du repos que nous vous demandons, messieurs ; c'est du temps pour travailler, pour préparer le sujet de vos délibérations de l'année prochaine, pour composer un budget normal, s'il est possible ; pour achever la réorganisation pratique de l'armée, celle qui consiste à reconstituer nos régiments, à leur rendre l'unité qu'ils ont perdue, à les équiper, à les distribuer, à les armer ; pour veiller à la marche de l'administration, pour la régler d'après vos vues et les nôtres, pour terminer les négociations qui doivent asseoir notre système commercial sur des bases fixes; pour continuer enfin ce travail infini et incessant de la réorganisation d'un pays bouleversé par deux guerres affreuses au dehors et au dedans, guerres sans exemple, et dont les terribles effets peuvent cependant être atténués par notre commun dévouement. (Très-bien!)

Ce n'est donc pas, je le répète, pour nous reposer, c'est pour travailler, que nous vous demandons du temps; nous en prenons franchement devant le pays la responsabilité tout entière! (Très-bien! très-bien!)

Mais vous, messieurs, n'avez-vous pas aussi vos motifs pour interrompre cette longue session?

Il faut rendre au pays les conseils généraux, conseils de famille tout aussi indispensables que le grand conseil national que vous formez ici. Il faut élire ces conseils, les réunir, ouvrir leur session, qui n'a pas eu lieu depuis deux ans, et où tant de ruines sont à réparer, là comme ailleurs. (Assentiment.)

Or, vous, messieurs, qui presque tous avez été ou serez membres de ces conseils, pouvez-vous être indifférents à ce qui va s'y passer, indifférents à l'élection qui va leur rendre l'existence, indifférents à la direction de leurs travaux, à l'esprit qui présidera à leur marche, à l'application toujours difficile d'une législation nouvelle? Et votre présence n'est-elle pas aussi indispensable dans vos chefs-lieux qu'à Versailles même?

Ce n'est pas tout encore. Vous ne pouvez représenter le pays avec vérité, avec autorité, qu'en l'observant bien, qu'en cherchant à reconnaître les modifications que le temps (et par le temps, ce sont les mois, les jours, les heures, qu'il faut entendre aujourd'hui), que le temps, dis-je, produit en lui, et qui doivent régler notre pensée, notre conduite, nos votes enfin! Le pays nous voit agir, il nous entend parler, il nous juge, il se fait sur toute chose son sentiment à lui; et, comme il n'a pas une tribune pour l'exprimer, c'est dans l'intimité du foyer qu'il peut nous dire ce qu'il pense et ce qu'il veut.

Et puis, messieurs, parlons en toute franchise, et avouons, ce que du reste il est permis d'avouer, que nous sommes émus, profondément émus! Comment ne le serions-nous point? Il s'agit, en ce moment, pour le pays, des plus grands intérêts imaginables : il s'agit de régler son sort présent et futur ; il s'agit de savoir si c'est d'après la tradition du passé, tradition glorieuse de mille ans, qu'il doit se constituer, ou si, s'abandonnant au torrent qui précipite aujourd'hui les sociétés humaines vers un avenir inconnu, il doit revêtir une forme nouvelle, afin de poursuivre paisiblement ses nobles destinées? (Mouvement.)

Ce pays, objet de l'attention passionnée de l'univers, sera-t-il république ou monarchie? Adoptera-t-il l'une ou l'autre de ces deux formes de gouvernement, qui divisent aujourd'hui tous les peuples? Quel problème plus grand fut jamais posé devant une grande nation, dans les termes où il se pose maintenant devant nous?

Je le demande, messieurs, est-il bien étonnant que ce problème nous agite? Plus nous sommes sincères et plus nous sommes patriotes, plus il doit nous agiter. Et voyez, regardez les nations : elles sont presque aussi troublées que nous du spectacle extraordinaire que nous leur donnons! (Nouveau mouvement.)

Il n'y a donc pas à nous blâmer d'être aussi fortement émus : nous devons l'être. Nous vaudrions moins si nous ne l'étions pas autant. Mais notre émotion devient inévitablement celle du pays ; et, quelque légitime qu'en soit le motif, nous devons craindre qu'en se prolongeant elle ôte quelque chose au calme et à la sérénité dont nos esprits ont besoin.

Ainsi, messieurs, vous séparer quelques semaines, pour veiller à la réorganisation départementale de la France, pour en reprendre ou en modifier, s'il le faut, la tradition; vous mettre en tête-à-tête avec le pays, pour régler vos pensées sur les siennes, pendant que le Gouvernement emploiera le temps que vous lui laisserez à préparer vos nouveaux travaux, c'est là une nécessité reconnue et sentie par vous, sentie par la France tout entière.

Cette nécessité admise, une question grave s'élevait.

Pour faire face aux charges énormes que nous a léguées le dernier Gouvernement, charges qui équivalent au doublement de la dette publique, déjà par lui doublée, il fallait des impôts nouveaux. Nous les avons consciencieusement cherchés, et nous vous les avons résolûment proposés. Votre commission du budget en a déjà admis et approuvé près des deux tiers, et ces deux tiers suffisent pour fournir un gage solide à nos emprunts, si bien accueillis par les capitalistes français et étrangers.

La portion de ces impôts qui restait à voter est surtout destinée à faire face au service de l'amortissement, service important, indispensable : car il ne faut pas seulement assurer l'intérêt des emprunts, il faut en assurer aussi le remboursement... (Oui! oui!), soin de premier ordre, qui vient d'être négligé pendant vingt années, et qu'il faut reprendre sous peine de forfaiture envers l'avenir, envers les générations qui nous suivent. (Approbation.)

Cette portion des impôts non encore votée est assurément nécessaire comme l'autre ; mais elle est moins urgente, et quelques semaines, consacrées à un examen plus approfondi, ne seront pas à regretter. La portion des impôts qui est destinée à remplir cette partie de nos obligations se composait surtout des taxes sur les matières premières. Après avoir augmenté certains impôts qui pouvaient supporter une charge plus forte, tels que l'enregistrement, les alcools, les sucres, les cafés, les tabacs, il fallait songer à des impôts tout à fait nouveaux.

Aidés des lumières des hommes spéciaux, nous avons cherché ces ressources nouvelles, et nous avons pensé que les taxes qui porteraient sur les matières premières auraient l'avantage de se répartir mieux, de se diviser à l'infini, et d'être ainsi moins sensibles pour les contribuables.

Lorsqu'en effet, une livre de coton, de laine, de lin ou de soie, est parvenue à se filer, à se tisser, à se colorer, à se convertir en vêtement, il est bien difficile d'en retrouver la valeur et de sentir la charge qui a pu, sous diverses formes, en résulter pour le contribuable.

C'est une vérité usuelle, que le poids infiniment divisé devient presque insensible pour ceux qui le supportent.

Voilà ce qu'avait pensé le Gouvernement.

Mais de telles questions ne sont pas simples. Elles ont provoqué dans votre commission du budget un laborieux examen, fait renaître des objections anciennes, et amené une revue de tous les impôts possibles. Cela devait être, et cela ne prouve que l'importance du sujet et le sérieux de ceux qui l'ont examiné.

Cet examen a pris et devait prendre plusieurs mois; et nous sommes arrivés ainsi à l'heure présente sans avoir abouti ni les uns ni les autres à des résolutions définitives.

La nécessité d'une suspension de vos travaux nous étant apparue à tous, une commission ayant été formée pour fixer le jonr de votre séparation et celui de votre retour, le Gouvernement, afin de pacifier par des transactions des dissentiments qui divisent quelquefois nos esprits sans diviser nos cœurs... (Sensations diverses), a imaginé de vous proposer l'établissement d'un décime éventuel, temporaire, qui porterait à la fois sur toutes les contributions, et qui serait le supplément certain de nos ressources, si, d'aujourd'hui aux premiers jours de 1872, nous n'avions pas choisi entre les différents systèmes d'impôt qui sont aujourd'hui en présence.

C'était une ressource destinée à garantir le service de l'amortissement, car, il faut le répéter, le service des intérêts est déjà assuré par les 360 millions d'impôts que vous avez votés précédemment.

Le Gouvernement, en vous proposant ce supplément de ressources, avait été dirigé par sa vive sollicitude pour le crédit, pour cette puissance du crédit qui est la plus grande de nos forces, et qui, en se déployant naguère avec tant d'énergie, a étonné le monde, l'a presque réjoui en lui apprenant que la France était toujours vivante, toujours vigoureuse, toujours prompte à renaître! (Oui! oui! — Très-bien!)

Cependant ce décime, quoique apporté comme ressource éventuelle, a inquiété quelques esprits, provoqué les observations que tout impôt suscite, et l'on s'est demandé si cette garantie supplémentaire était vraiment indispensable.

En effet, messieurs, en vous voyant, dans ces derniers temps, voter courageusement 360 millions d'impôts nouveaux, qui peut douter de votre inébranlable résolution de faire honneur aux engagements du pays? En voyant surtout avec quelle abondance rentrent tous les impôts, un moment paralysés par la guerre, avec quelle ponctualité s'acquittent à la Banque de France les effets de commerce dont le payement était suspendu, qui peut douter de la solvabilité de la France ?

Ce n'était donc qu'un scrupule extrême qui nous avait portés à vous proposer un décime comme ressource éventuelle et assurée, en cas qu'aucun des systèmes de taxes discutés n'eût prévalu.

Toutefois, reconnaissant que le crédit n'avait pas un besoin indispensable de cette garantie supplémentaire, et que, se reposant sur la probité et la richesse de la France, les capitalistes se disputaient les valeurs françaises, dont le prix s'élevait à vue d'œil, le Gouvernement, afin de vous épargner des discussions actuellement impossibles, consent à ajourner toutes les questions d'impôts : impôt sur les matières premières, impôt sur les diverses natures de revenus, impôt, enfin, du décime.

Le repos d'esprit qui va nous être accordé à tous, le séjour au sein du pays, l'intime consultation où chacun pourra l'interroger, vous permettront, à votre retour, d'examiner avec plus d'attention, avec plus de fruit, les questions nombreuses que ces nouveaux impôts soulèvent, et le crédit y verra la garantie d'un examen plus calme et plus approfondi.

Quelques personnes ont pensé que, si, pour obéir à une nécessité évidente, nous nous séparions aujourd'hui, il conviendrait peut-être de revenir plus tôt, afin de prouver aux capitalistes notre empressement à acquitter les engagements du pays, sauf à prendre, après un court délai, un second temps de repos.

Le Gouvernement, messieurs, ne le pense pas, et il doit vous le déclarer avec franchise.

Dès que l'interruption actuelle de nos travaux ne peut rien signifier de fâcheux quant à la possibilité et à la volonté de remplir nos engagements, nous pouvons alors consulter librement le besoin d'un repos suffisant. Un repos coupé en deux ne procurerait point aux esprits le bien que nous devons en attendre. Indépendamment des inconvénients d'un second déplacement en plein hiver, il ne laisserait ni à vous le temps de vous occuper de l'administration départementale et de vos devoirs de famille, ni à nous le temps de remplir les devoirs infinis du gouvernement que votre confiance nous a imposés.

Votre commission vous demande de fixer votre retour au 4 décembre. Nous prenons, devant le pays, la responsabilité de vous le conseiller après elle, de vous le demander expressément. Mais, soyez-en bien convaincus, ce n'est pas pour nous soustraire à votre contrôle. Ce contrôle, nous l'appelons ; nous voudrions que vos regards ne nous quittassent pas un instant..... (Mouvement marqué), car vous ne seriez témoins que d'une ap plication incessante à l'œuvre si difficile de la éorganisation du pays ; vous ne verriez en nous que des ouvriers dévoués, succombant à la fatigue, mais mus par cet intérêt unique qui inspire l'équipage d'un vaisseau en péril... (Bruit et mouvements divers), où tous, équipage et passagers, unissent leurs efforts pour échapper à un commun désastre.

Heureusement, messieurs, nous voyons déjà le port se montrer à l'horizon, et cette vue réjouit et soutient nos cœurs.

Soyons unis, travaillons sans trouble, et, dirigé par vous, l'État retrouvera à la fois la patrie, l'ordre, la liberté, le bien-être, et à toutes ses vieilles gloires il ajoutera la gloire de s'être sauvé lui-même du plus grand et du plus menaçant des naufrages. (Mouvement prolongé. — Applaudissements.)

LE MESSAGE DU 13 SEPTEMBRE

DEVANT LA PRESSE PARISIENNE

LE BIEN PUBLIC

Nous avons entendu formuler une critique contre le message : il n'est pas assez affirmatif. Cela veut dire, pour les républicains : il ne proclame pas la République; pour les monarchistes : il ne se rallie pas à la monarchie. On dit aussi que le message est terne, qu'il n'a pas assez mis en relief les progrès accomplis. Nous nous attendions à ces critiques : elles sont dans l'esprit français, et nous y voyons la suite naturelle de nos abandons passés.

En France, on n'est pas encore habitué à entendre dire simplement la simple vérité, à lire l'exposé sans fard de la situation, à se voir montrer les difficultés comme elles sont et les ressources pour ce qu'elles valent. On n'est pas tranquille quand un honnête homme vous dit : Travaillez, la paix est à ce prix. On se laisse prendre aux déclarations fanfaronnes comme celle-ci : Que les bons se rassurent et que les méchants tremblent ; et tant d'autres.

En France encore on dit : Nous voulons faire nos affaires nous-mêmes ; et l'on est presque irrité quand, rappelant ce désir et s'y conformant, le chef du pouvoir exécutif dit aux représentants du pays : Vous étudierez, vous écouterez l'opinion de chacun, vous irez au foyer de la famille, aux réunions municipales, aux assemblées départementales ; vous jugerez, et ce que vous aurez décidé ou préparé, ce sera bien. — On veut être le maître, mais on craint l'initiative ; on craint surtout la responsabilité.

Prenons-y garde, de telles dispositions conduisent vite un pays à s'endormir dans les bras de quelque César ; c'est ainsi que se préparent les tyrannies, par le mépris des choses droites, des pensées simples et des attitudes loyales.

Nous considérons le message du président de la République comme un acte de bonne et honnête politique. L'Assemblée doit y puiser la confiance que pendant son absence les situations ne seront pas troublées, qu'à son retour elle trouvera la position améliorée par deux mois de travail administratif, mais entière au point de vue politique.

A ceux qui reprochent au président cette simplicité nous nous permettrons de rappeler que, dans tous les pays sincèrement démocratiques et républicains, les présidents en usent ainsi, et que leur plus grand mérite, — quand donc le reconnaîtrons-nous ? — est de remplir loyalement leur mandat en donnant à tous les citoyens l'exemple du respect de la loi et de l'autorité des élus du pays.

Hélas ! nous sommes loin de cette sagesse. Rien ne

le prouve mieux que ces quelques lignes que nous lisons à la fin du courrier politique du *Gaulois* d'aujourd'hui [1].

« Si la France avait à sa disposition, en ce moment, un grand homme de courage et de résolution, l'Assemblée jouerait, en prenant des vacances, — un jeu dangereux ; mais, hélas ! le danger d'être sauvé du néant et de la désorganisation, de l'anémie, n'existe pas. Il n'y a pas de grand homme à l'horizon, et les hommes médiocres peuvent sans crainte aller faire la vendange. »

Grand homme de courage et de résolution veut dire ici usurpateur capable de faire une révolution militaire, de dissoudre l'Assemblée absente, et de s'emparer, par un coup d'État, du pouvoir absolu. M. Jules Richard a raison, M. Thiers n'est pas ce grand homme ; il n'aura jamais le courage de voler le pouvoir, ni la résolution de violer la représentation nationale.

C'est précisément parce qu'il n'a ni cette grandeur, ni ce courage, ni cette résolution, qui font les 18 brumaire et les 2 décembre, plus tard les Waterloo et les Sedan, que M. Thiers inspire confiance à l'immense majorité du pays. C'est parce que rien, dans son message, ne trahit une préoccupation ambitieuse et personnelle, que le président de la République verra ses dernières paroles comprises et approuvées par la France.

1. V. *le Gaulois* du 15 septembre.

LES DÉBATS

Le Message du président de la République, lu hier à l'Assemblée par l'un de ses ministres, sera sans doute l'objet de bien des commentaires, et chaque parti y trouvera, en se plaçant à son point de vue spécial, beaucoup à louer et beaucoup à reprendre. Il nous semble, quant à nous, que les bons citoyens qui savent s'élever au-dessus des idées étroites et des intérêts égoïstes des partis doivent approuver, sinon tous les détails, au moins l'ensemble et les traits généraux de cet important document.

M. Thiers, qui paraît bien en être le seul auteur et le seul rédacteur, car on y retrouve jusque dans les détails du style ses qualités et ses défauts, M. Thiers, disons-nous, commence par rappeler tout ce que l'Assemblée a fait depuis sa première réunion pour délivrer le pays, au prix de douloureux sacrifices, de la guerre civile; pour rétablir la paix au dehors, la concorde à l'intérieur ; pour ranimer notre commerce et notre industrie et pour relever notre crédit. Il réclame à bon droit, avec une légitime fierté, une bonne part pour son gouvernement dans les résultats satisfaisants qui ont déjà été atteints.

Il indique ensuite, avec la netteté ordinaire de son esprit, les grands et indispensables travaux auxquels il compte se livrer pendant les vacances qu'il demande à l'Assemblée de prendre dès la fin de cette semaine et de prolonger, contre le gré de beaucoup de députés, jusqu'aux premiers jours du mois de décembre.

Il insiste avec beaucoup de raison sur le rôle puissamment utile que les représentants du pays auront à jouer pendant ce temps, en prenant une part active à l'élection des conseils généraux, puis aux travaux si importants de ces assemblées.

Il leur présente aussi de sages réflexions sur le besoin qu'ils ont de se rendre compte par eux-mêmes des modifications que le temps et les événements de ces derniers mois peuvent avoir apportées dans les idées et dans les vœux de leurs électeurs. Nous ajouterons qu'il importe au moins autant que les députés puissent, en s'instruisant sur les besoins et les aspirations du pays, lui expliquer à leur tour leur conduite, leurs actes et leurs votes, lui donner plus d'une explication devenue de jour en jour plus nécessaire, et l'éclairer sur ce qui s'est dit, pensé, préparé ou fait à Versailles, en même temps qu'ils s'éclaireront eux-mêmes sur ce qu'on a pu, pendant ce temps, dire, penser ou vouloir dans le reste de la France.

Il importe qu'avant d'être appelé à nommer les conseils généraux, le pays ait le temps de s'entretenir avec ses mandataires et de s'éclairer sur la situation réelle de ses affaires.

LE FIGARO

Je n'ai pas la prétention d'exprimer, au pied levé, toute ma pensée sur le message envoyé hier à l'Assemblée par le président de la République. J'ai des applaudissements très-vifs à laisser éclater, j'ai des réserves à faire. Je ne puis, après une audition de ce message, que constater la sincérité qui domine dans ce document, un peu long, trouvera-t-on, pour un message de clôture. Il se peut; mais M. Thiers éprouvait un incontestable besoin d'ouvrir toute son âme devant l'Assemblée. Cela était nécessaire.

Avoir remercié celle ci, au lendemain où elle donnait à son ambition la plus grande des satisfactions, c'était le thème obligé du premier message ; rien de plus ne pouvait être dit ni pour ni contre l'étendue des pouvoirs qui venaient de lui être conférés. La pensée de M. Thiers sur ce sujet délicat demeurait voilée. On pouvait, sur les intimes sentiments de son cœur, faire et admettre toutes les suppositions.

M. Thiers se tenait-il pour le fondateur d'une République définitivement établie en France? Se jugeait-il à la hauteur de cette mission, — je me trompe, — se considérait-il comme chargé de cette mission ?

Allait-il entraîner et pousser le pays dans cette voie sans rémission de retour?

Ou bien M Thiers n'acceptait-il ce titre, qu'il a tant ambitionné, de président de la République, et l'œuvre en elle-même, que comme un mandat provisoire?

Dans cet ordre d'idées, toutes les hypothèses étaient possibles, et les imaginations avaient devant elles un vaste champ.

J'avoue que j'avais hâte de savoir le secret de M. Thiers. Mais, pour qu'il le livrât au pays et à ses mandataires, à ceux qui l'avaient porté au sommet du pouvoir, il fallait une occasion solennelle. Elle s'est présentée, et il ne s'en pouvait présenter une plus précieuse et plus grave à la fois.

Eh bien! M. Thiers a été franc. Il n'a point menti à

cette parole prononcée, il y a peu de temps, du haut de la tribune : « Je ne ferai rien contre la République, rien contre la Monarchie; je ne tromperai personne. » On pouvait, sinon accuser, du moins soupçonner M. Thiers d'avoir montré, dans ces derniers temps, de certaines faiblesses pour la République, et de s'être penché de ce côté au détriment de l'idée monarchique.

Nous avons la bonne fortune d'apprendre par le message qu'il n'en est rien. M. Thiers a beau porter aujourd'hui un titre pompeux, il n'y voit qu'une formule ou une formalité. La sonorité du titre a pu chatouiller son oreille, mais n'a point troublé sa pensée. Comme au jour où il prononçait les paroles que je rappelais tout à l'heure, comme au jour où il accepta le pacte de Bordeaux, M. Thiers est avant tout l'homme dévoué au pays. Il a pu croire que c'était le pays qui désirait lui conférer la présidence de la République, il a pu se faire illusion sur ce point; mais, de son aveu, formellement proclamé hier devant des députés qui dans deux jours se vont trouver au milieu de leurs commettants, le problème demeure le même :

La France sera-t-elle République ou Monarchie ?

Nous en sommes encore là. Ni nos espérances ni nos convictions ne sont froissées. Mais qui résoudra le problème ? Le temps, évidemment.

Nous possédons le secret de M. Thiers; il nous reste à savoir celui que les événements portent dans leurs flancs.

Mais, hâtons-nous de le dire, si la France ignore encore si elle sera longtemps une République ou si elle redeviendra une Monarchie, elle n'ignore pas qu'elle est avant tout du grand parti que l'énergie et les fermes

convictions de M. Thiers ont aidé à se reconstituer :
la France est pour l'ordre.

Sur ce mot, il y aura unanimité d'acclamations, et à
l'ombre de ce drapeau toute la France se range.

Cette franchise de M. Thiers ne sera peut-être pas
du goût de tout le monde. Elle arrache à certains
groupes de l'Assemblée des illusions qu'ils caressaient.
Ceux-ci croyaient que c'en était fait, que la porte était
à tout jamais fermée aux idées monarchiques. Ils se
trompaient, ils en sont convaincus aujourd'hui.

Maintenant, nous serons évidemment avec M. Thiers
dans la tâche glorieuse qu'il a entreprise, de faire que
la France ne soit pour l'heure ni une république ni
une monarchie, mais un pays qui se reconstitue, qui
panse ses plaies, qui ménage son avenir.

C'est toujours le pacte de Bordeaux. Nous l'avons
accepté loyalement, sans aucune arrière-pensée, en son
temps.

Nous renouvelons aujourd'hui cette adhésion.

L'ordre, la paix, le travail, le crédit, la France ho-
norée et respectée, nous ne demandons rien de plus,
— et nous laissons au temps le soin de résoudre le
problème que M. Thiers a encore une fois posé.

Xavier Eyma.

LE GAULOIS

Ce message ne dit rien ; — c'est un message passif,
comme le gouvernement de M. Thiers, comme tout gouvernement géré par des hommes qui ont vieilli dans

l'attaque, dans la critique, dans l'opposition, est un gouvernement passif.

Souffrir, tolérer, tergiverser dans les actes et dans l'application des principes; être autoritaire et arbitraire dans la distribution des faveurs et des places : voilà le lot des hommes d'opposition lorsqu'ils sont au pouvoir.

M. Thiers, qui est un vieil opposant, l'Assemblée, qui est un composé de minorités opposantes, sont fatalement rivés à la politique d'énervement qui fait la joie de M. de Bismarck, et que caractérise le message de M. le président de la République.

Le thème de ce *factum* est que les discussions de la Chambre agitent le pays et empêchent le pouvoir exécutif de faire son œuvre.

C'est la meilleure et la plus juste critique qu'on ait faite du parlementarisme et du gouvernement représentatif. Il est évident que les ministres, préoccupés de leurs discours et désorganisés par les visites des députés, n'ont pas le temps de travailler au bonheur de la France; il est certain que M. Thiers, tourmenté par le sort de la proposition Rivet, de la proposition Target, et des autres propositions en *et*, ne sait où donner de la tête.

Mais c'est bien la peine d'avoir combattu l'Empire pendant dix-huit ans pour arriver à cette solution, que le régime impérial était en définitive le plus logique.

Ce n'est pas moi qui le dis, c'est le message de M. Thiers.

C'est le message de M. Thiers qui dit : « Le gouvernement ne peut rien faire ; le pays ne peut pas se rassurer en face d'une Chambre qui jabote et qui discute: la Chambre n'est bonne qu'à voter l'impôt. »

C'était là le système de l'Empire, première manière ; c'est l'économie de la Constitution de 1852, — et voici M. Thiers arrivé à ce qu'il a toujours désiré à tous les instants de sa vie politique : exercer le pouvoir librement ; régner sans conteste et sans contrôle sur la France ; gouverner sans souverain au-dessus, sans Chambre au-dessous.

Cela serait excellent, — en ce moment surtout, — si M. Thiers, qui est un aigle dans l'opposition, était également un aigle aux affaires.

Mais son message nous montre à vif la plaie qui le ronge : il ne sait pas dominer une situation.

La République est devenue, de par sa volonté, un fait accompli, — tout au moins dans les sphères officielles. La République a été acceptée, sinon proclamée, par la Chambre ; les diverses minorités de l'Assemblée nationale se sont cotisées pour fabriquer une majorité passive, et, au lieu d'en profiter pour tenter quelque chose de définitif dans l'ordre de ses préférences actuelles, M. Thiers remet publiquement en question la forme du gouvernement. « Serons-nous République ou Monarchie ? » dit-il. — Si c'est pour tranquilliser les consciences légitimistes et orléanistes, au moment de la séparation, que M. Thiers pose ce dilemne, ce n'est qu'un fil blanc ; si c'est un cri sincère de sa conscience, alors pourquoi n'a-t-il pas fermé la bouche à M. Rivet ?

Je me permets de croire que le passage du message auquel je fais ici allusion n'est qu'une transition, et que M. Thiers l'y a introduit parce qu'il n'avait rien de plus sérieux à dire.

L'Assemblée nationale n'a rien fait, — parce qu'elle ne pouvait rien faire ; elle n'a rien fait parce qu'elle ne renfermait pas dans son sein une majorité compacte et décidée. Aussi faut-il accorder à M. Thiers qu'il a raison lorsqu'il conseille aux députés d'utiliser leurs vacances en étudiant loyalement le pays et en l'interrogeant sans parti pris d'avance. Mais il aurait fallu que ce conseil fût plus nettement accusé et fût en quelque sorte le point culminant du message.

. . . .

En définitive, le message doit-il rassurer la France ? Tranche-t-il des questions pressantes ? Est-il un acte gouvernemental important ?

Évidemment non !

Le message était un moyen pour faire passer la proposition Target ; — il n'avait pas d'autre but, — et il faut nous attendre à un message chaque fois qu'il y aura un vote important à enlever.

M. Thiers ne peut plus parler, il écrit ; — ses ministres ne seront pas les porte-paroles de son gouvernement, ils en seront les porte-messages. S'il ne s'agit que d'une petite affaire, ils y suffiront ; — s'il faut, au contraire, enlever une forte situation, en avant le message ! C'est la suppression, autant que faire se peut, de la responsabilité ministérielle ; c'est un nouvel emprunt fait à la Constitution de 1852, que l'on maudissait tant parce qu'on ne la mettait pas soi-même en pratique.

L'Assemblée, en s'en allant, se souviendra sans doute de deux actes de M. Thiers, — le discours de Bordeaux et le message d'avant-hier.

Dans le discours de Bordeaux, M. Thiers lui disait de ne pas faire de politique ; dans le message d'avant-hier, il lui dit qu'elle fait trop de politique.

Donc l'Assemblée n'est pas une Assemblée politique ; — c'est une sorte de grand conseil général de la

France, moins la loi sur les conseils généraux, car le grand préfet Thiers n'admet pas de tutelle.

Il est Dieu, et M. Rivet est son prophète.

Jules Richard.

LA GAZETTE DE FRANCE

La Chambre a reçu, dans la séance d'hier, le premier message de M. Thiers. Ce document, fort long, d'un style terne, sans rien de saillant ni d'élevé, n'a en vue que la prorogation de l'Assemblée. Après avoir obtenu le titre de président, M. Thiers n'avait plus qu'un désir : voir l'Assemblée se séparer pour le temps le plus long possible, et lui laisser le champ libre pour ce qu'il appelle des travaux de réorganisation. M. Thiers doit être satisfait. La Chambre, lassée sans doute de lutter en vain contre le pouvoir exécutif, a évité cette fois jusqu'aux apparences de l'opposition, rejeté tous les amendements contraires au vœu du Gouvernement, et voté la suspension des séances jusqu'au terme indiqué par M. Thiers. On ne saurait être plus conciliant.

M. Thiers a eu soin, il est vrai, de ne rien dire dans son message qui pût heurter les opinions de la majorité. Il s'est bien gardé de lui parler le langage qu'il a tenu naguère devant le maire de Versailles et les officiers de la garde nationale ; il n'a pas fait la moindre allusion aux espérances dont il a fait part à d'autres auditeurs, dans d'autres circonstances, de voir la forme actuelle du gouvernement devenir une glorieuse et paisible réalité. Le message est scrupuleusement « correct » aujourd'hui sur ce point.

J. Bourgeois.

L'OPINION NATIONALE

Dans le message du président de la République, lu hier à l'Assemblée, nous signalerons plusieurs points qui nous paraissent importants.

« Ce n'est pas pour nous reposer, dit M. Thiers, c'est pour travailler, que nous vous demandons du temps. »

Il est certain que, sous la pression de circonstances tout à fait exceptionnelles, de difficultés et d'incidents constamment imprévus, le Gouvernement n'a pu préparer d'une manière suffisante les projets de loi qu'il présentait.

Obligé de pourvoir d'urgence à la lutte contre l'insurrection parisienne, aux opérations de l'emprunt, aux négociations avec la Prusse, le pouvoir exécutif s'est trouvé presque toujours débordé et dépassé par l'initiative parlementaire. Il est bon qu'il ait le temps de se reconnaître et de préparer ses plans avec plus de maturité.

Sur trois points capitaux, l'Assemblée s'est prononcée d'une manière qui ne laisse prise à aucun doute : avec le pays tout entier, elle veut la réorganisation de l'armée sur le principe du service obligatoire pour tous ; avec les esprits les plus éclairés, elle veut la décentralisation administrative ; enfin, avec tous les industriels qui ne sont pas Normands, elle tend à faire prévaloir les doctrines libre-échangistes dans l'établissement des tarifs douaniers.

Le Gouvernement ne peut s'y tromper, et il ne s'y trompe pas. Quelques-uns de ses membres pourront avoir à faire le sacrifice de quelques-unes de leurs idées personnelles ; mais nous comptons trop sur leur patriotisme pour les croire capables d'hésiter à s'engager sincèrement dans la voie qui leur est tracée. Nous sommes donc en droit d'attendre, pour le mois de décembre, une triple série de projets, étudiés dans tous leurs détails, et ayant pour but de répondre aux légitimes préoccupations de l'opinion publique et de l'Assemblée.

Le message rappelle, en termes très-ménagés, la situation des esprits au sujet de la forme gouvernementale que la France se réserve d'adopter ultérieurement. Il invite les députés à se mettre en rapport intime avec leurs électeurs, pour mesurer le chemin qu'ont pu parcourir leurs idées et leurs intentions depuis le 8 février jusqu'au 17 septembre 1871.

Cette invitation s'adresse surtout, ce nous semble, aux députés de la droite ; mais, sans vouloir atténuer les bons effets de ce tête-à-tête préconisé par M. Thiers, nous croyons que le diagnostic qui en résultera n'aura pas la précision suffisante.

Les députés se mettront naturellement en rapport avec ceux de leurs électeurs qu'ils connaissent, et qui, par conséquent, partagent leurs opinions. Les convictions ardentes pourront facilement se faire illusion. Il y a donc lieu d'espérer qu'à son retour l'Assemblée voudra faire usage de moyens plus précis. Dans la séance d'avant-hier, un député dont le nom nous échappe à déposé une proposition de loi tendant à instituer un renouvellement partiel.

C'est évidemment là, et peut-être là seulement, qu'on trouvera le moyen d'établir une communication, j'allais dire une communion, permanente et intime, entre l'Assemblée et la nation, tout en sauvegardant à la Chambre l'esprit de suite, la continuité des vues et des résolutions, plus nécessaire aujourd'hui que jamais.

En somme, le message constate une fois de plus, chez le chef du pouvoir exécutif, le désir sincère de se conformer aux vœux de l'Assemblée et du pays.

Au pays donc de faire connaître ses intentions par les voies légales ; aux députés en vacances de bien observer l'esprit public, et d'obéir sans arrière-pensée à ses décisions.

GEORGES GUÉROULT.

LA PATRIE

Nous serions mal venu à critiquer le message que le président a adressé hier à l'Assemblée nationale. Si ce document est un peu long et diffus ; s'il a le tort, comme la plupart des anciens discours de la couronne, de renfermer plus de mots que d'idées ; si enfin il insiste trop sur la durée d'une villégiature que les hommes les plus sérieux de la Chambre auraient voulue plus courte, ce message a du moins à nos yeux un grand mérite, contenu tout entier, d'ailleurs, dans les deux phrases que voici :

« Il s'agit de savoir si c'est d'après la tradition du

passé, tradition glorieuse de mille ans, qu'il doit se constituer, ou si, s'abandonnant au torrent qui précipite aujourd'hui les nations vers un avenir inconnu, il doit revêtir une forme nouvelle, afin de poursuivre paisiblement ses nobles destinées.

. . . .

« Je le demande, messieurs, est-il bien étonnant que ce problème nous agite? Plus nous sommes sincères et plus nous sommes patriotes, plus il doit nous agiter. Et voyez, regardez les nations : elles sont presque autant troublées que nous du spectacle extraordinaire que nous leur donnons ! »

Ainsi M. Thiers le proclame cette fois, et bien haut, et très-nettement : l'Assemblée, en le nommant président par son vote du 31 août, n'a ni proclamé ni reconnu la République; le problème demeure entier, problème qui nous « agite » et qui « trouble » jusqu'aux nations étrangères.

Cette déclaration formelle, outre qu'elle nous dispense de répondre à un article fort long et fort embrouillé d'idées et de formes que nous consacrait le *National* d'hier, cette déclaration doit être ajoutée tout simplement au dossier qui contient déjà le pacte de Bordeaux et le premier considérant de la loi du 31 août. Elle établit clairement, malgré toutes les insinuations, toutes les contorsions, toutes les aspirations des républicains de la France et de l'étranger, que la question gouvernementale est absolument réservée, et que les hommes qui, comme nous, maintiennent au suffrage universel le droit de décider un jour du sort de la France, ne sont point des insurgés et ne cherchent nullement à troubler la paix ou à renverser un gouvernement qui, en droit comme en fait, n'existe pas.

. . . .

« Il s'agit de savoir si c'est d'après les traditions
« glorieuses de mille années que la France doit se con
« stituer, ou si, s'abandonnant au torrent qui préci
« pite aujourd'hui les nations humaines vers un avenir
« inconnu, elle doit revêtir une forme nouvelle, afin de
« poursuivre paisiblement ses nobles destinées. »

Ne voilà-t-il pas une phrase qui dit bien nettement:
Monarchie et République sont sur la même ligne : à
chacune d'elles de montrer ses mérites ; au peuple de
choisir. Mais, même, nous trompons-nous, ou bien n'est-
il pas vrai que M. Thiers semble aujourd'hui, revenant aux convictions de sa vie passée, ressentir pour la
monarchie plus d'attachement que pour la République?
D'un côté il parle des « traditions glorieuses de mille
ans », de l'autre il représente la France *s'abandonnant
au torrent qui précipite les nations vers un avenir inconnu.* » Or, s'abandonner à un torrent qui vous précipite vers l'inconnu, est-ce donc chose bien séduisante
pour un homme ou pour une nation, et ne vaudrait-il
pas mieux s'en tenir aux « *traditions glorieuses de mille
années* » ? Vraiment! si nous étions républicain, nous
trouverions que M. Thiers a mis hier, au détriment de
la République, un poids un peu lourd dans la balance
de la monarchie.

Faut-il voir dans cette préférence inattendue une de
ces habiletés, un peu démodées et un peu percées à
jour, qui consistent à flatter aujourd'hui la droite, afin
de se faire pardonner les caresses que demain on don-

nera à la gauche? Faut-il penser, au contraire, qu'une étude de plus en plus approfondie de la situation, que la présence à Versailles de M. Valentin, préfet de Lyon, que peut-être l'issue des derniers procès de presse, ont montré à M. Thiers que la République s'abandonnait peut-être un peu trop au torrent, qu'un avenir inconnu était chose dangereuse, que mille années de traditions glorieuses présentaient au contraire bien des garanties, et qu'en définitive la question était bien embarrassante pour le président définitif d'une République provisoire?

Nous ne sommes pas assez dans les secrets de M. Thiers pour connaître son opinion à ce sujet, et nous posons la question sans la résoudre.

LE TEMPS

Après le vote de la proposition Rivet, les partisans et les adversaires de la prorogation des pouvoirs pouvaient se flatter également de sortir de ces tumultueux débats quittes enfin de tout souci actuel sur la forme du gouvernement et libres de s'appliquer uniquement au grand objet national de toutes les ambitions légitimes : le relèvement, ou, pour mieux dire, le pansement du pays.

Le pays ne s'y était pas trompé. Il avait aboli en quelques jours les souvenirs irritants d'une discussion orageuse, il avait été ramené à la notion exacte, à la réalité même du pacte que la nécessité avait dicté à Bordeaux : reconstitution du pays sous la forme républicaine, avec réserve permanente des droits de la nation. La violence des feuilles légitimistes manquait d'aliment, les meneurs de la campagne de dissolution manquaient de soldats. Ceux des impôts qui avaient éveillé l'opposition la plus tenace, et à nos yeux la plus juste, n'avaient pas été votés ; tout le monde était d'accord sur l'utilité politique des vacances. Nous attendions donc de M. Thiers un message où, après avoir payé une fois encore, s'il en éprouvait le besoin, sa dette de reconnaissance envers la Chambre pour les gages de confiance qu'il en a obtenus, il établirait brièvement les raisons pour lesquelles son cabinet et lui proposaient à l'Assemblée nationale de se réunir le 4 décembre. Ces raisons, il les a données par l'organe de M. Jules Simon dans un long plaidoyer dont, il faut bien l'avouer en passant, la rhétorique n'est ni brillante ni précise. Mais aux sujets que la force des choses immédiates impose aux méditations de nos législateurs il a cru devoir ajouter une sorte de sujet de composition, comme on fait pour les écoliers en vacances, sur les vertus platoniquement comparées de la république et de la monarchie. Il faut espérer, pour notre repos en décembre, que MM. les députés n'auront pas le loisir de préparer les discours.

On a pu voir récemment combien était vaine et stérile cette disputation byzantine sur le pouvoir constituant. En dehors de nous ne savons quelles mesquines susceptibilités de l'extrême droite dans le ministère ou dans la Chambre, nous ne pouvons nous expliquer dans ce message l'introduction de ce singulier hors-d'œuvre par lequel on semble dire aux députés : Souvenez-vous que vous êtes constituants et que vous aurez bientôt à faire œuvre de constituante.

Mais les situations nettement dessinées sont plus fortes que les hommes et que les phrases. S'ils interrogent honnêtement l'opinion de leurs commettants, messieurs les députés en recevront une tout autre consultation et reviendront avec l'envie de rechercher le meilleur système financier pour payer nos dettes, le meilleur système douanier pour hâter la délivrance du territoire en ménageant l'industrie des provinces perdues, le meilleur système militaire pour refaire une armée et le meilleur système d'instruction pour refaire un peuple.

Quant à M. le président de la République, il se maintiendra avec la parfaite sagesse qui lui a valu l'unanime confiance de la nation dans le rôle qu'il s'est tracé avec une irréprochable correction à Bordeaux et à Versailles. Il travaillera, pour sa part, à refaire sous la forme républicaine, qu'il a trouvée établie, une naion libre, prospère et maîtresse de ses destinées ultérieures.

***

LE SIÈCLE

La lecture attentive du message de M. le président de la République laisse dans l'esprit une double impression.

On ne peut s'empêcher d'être ému, comme l'est lui-même l'auteur de ce document, en présence de la tâche prodigieuse que notre pays doit entreprendre et mener à bonne fin pour assurer sa délivrance et sa régénération ; on est touché de ce langage patriotique, et en même temps on éprouve une sorte d'effroi en voyant l'inconsistance des éléments qui devront concourir à l'accomplissement de si grands devoirs.

D'une part, une Assemblée profondément divisée; de l'autre, un Gouvernement qui n'ose s'affirmer et semble croire qu'il est besoin de s'amoindrir.

Le message de M. le président de la République manque de proportion, et il a été fort mal lu par M. Jules Simon : c'est là sans doute ce qui explique l'accueil qui lui a été fait dans le sein de l'Assemblée. On n'en a pas compris tout d'abord le véritable caractère. Ce n'est pas là un de ces véritables comptes rendus que le chef du du pouvoir exécutif, dans les pays libres, adresse solennellement à la nation souveraine.

Non ! M. le président de la République a eu soin, dès le début, de préciser le point spécial qu'il allait examiner. Il s'agit tout simplement de savoir s'il est utile ou dangereux que l'Assemblée nationale se proroge pendant deux mois et demi environ. « Le devoir du gouvernement, dit-il, est de vous faire connaître son sentiment sur la résolution qui vous est proposée. » Le message n'avait pas d'autre objet.

Le champ ainsi restreint, cette communication n'a plus toute l'importance qu'on lui avait d'abord attribuée. Le premier reproche qu'on puisse lui adresser, c'est ce défaut de proportion dont nous venons de parler. Trop ou trop peu.

Il n'était pas nécessaire d'entrer dans de tels développements pour persuader à l'Assemblée qu'elle pouvait prendre des vacances sans compromettre la chose publique. Nous sommes encore à nous demander pourquoi, à propos d'une question si simple, M. le prési-

dent a cru devoir dire « qu'il s'agit en ce moment, pour
le pays, de savoir si c'est d'après la tradition du passé
qu'il doit se constituer, ou si, s'abandonnant au torrent qui précipite aujourd'hui les sociétés humaines
vers un avenir inconnu, il doit revêtir une forme nouvelle, afin de poursuivre paisiblement ses nobles desti-
tinées. »

L'Assemblée s'est-elle dissoute? Allons-nous élire
une constituante? Non ! La France va élire des conseillers généraux. Ce n'est pas cette manifestation de la
souveraineté nationale qui est destinée à trancher la
question que M. le président de la République a sou-
levée, on ne sait pourquoi, et que le titre dont il est
investi permet de considérer, momentanément du moins,
comme résolue.

En mettant ainsi en doute l'existence de la République française, dont il est le président, M. Thiers a-t-il
voulu conquérir les bonnes grâces de la droite? Nous
croyons qu'il n'y a pas réussi.

Il faut qu'à quelque chose malheur soit bon. Puisque,
dans un document qui a pour but de faire connaître
l'opinion du Gouvernement sur l'opportunité des vacances parlementaires, on croit utile de se demander
« si ce pays, objet de l'attention passionnée de l'univers, sera République ou Monarchie », il est indispensable que les électeurs répondent immédiatement à
cette préoccupation. L'élection des conseillers généraux
nous apprendra si nos campagnes se sont affranchies
du joug qu'elles ont si longtemps porté, ou si elles le
portent encore. Nous croyons que nos malheurs, nos
désastres, ont républicanisé la Frnce; il faut, en ce cas,
que le scrutin qui va s'ouvrir porte fortement l'em-
preinte républicaine. Le salut est à ce prix. C'est aux

républicains qu'incombe aujourd'hui le devoir de créer un ordre nouveau et d'arracher la patrie aux malheureuses divisions dont les partis monarchiques nous donnent depuis huit jours le déplorable spectacle.

M. le président de la République, qui, plus que personne, a souffert de ces divisions', et qui les a si souvent stigmatisées du haut de la tribune, ne peut partager l'espoir qu'il exprime : que l'Assemblée représentera le pays avec plus d'autorité et de vérité lorsqu'elle l'aura observé, lorsqu'elle aura cherché à reconnaître les modifications que le temps et les événements ont produites.

Les partis monarchiques, — s'ils sont vaincus au scrutin du 1er octobre comme ils l'ont été au scrutin du 2 juillet, — reviendront plus irrités, plus résolus à détourner la France de cet avenir vers lequel, — suivant l'expression de M. le président de la République, — les sociétés humaines sont entraînées. Ils sauront alors ce qu'ils savent aujourd'hui : qu'ils ne représentent pas la France actuelle; qu'ils ont reçu des électeurs, le 8 février 1871, au milieu des douleurs de l'invasion, le mandat de mettre un terme aux maux de la guerre; que ce mandat est accompli, et que nul, dans l'Assemblée, à l'exception des députés élus le 2 juillet, ne peut dire qu'il représente réellement la France.

Louis Jourdan.

LE SOIR

Dans un pays où l'escamotage, le coup d'État et l'insurrection sont moyens familiers aux partis pour se faire une place au soleil, le message adressé hier à l'Assemblée par M. Thiers devra produire une grande et salutaire impression. Il est honnête, sage, et partant mécontentera les radicaux et les bonapartistes. Il nous plaît, en dépit de sa forme un peu confuse et de ses phrases qui visent trop à l'effet. Mais le fond est bon ; on s'y sent sur un terrain solide dont les partis ne parviendront pas aisément à déloger le pouvoir.

On remarquera tout d'abord que, par un loyal entêtement, M. Thiers n'entend pas plus bénéficier des sottises du radicalisme que des maladresses de la réaction. Ceux qui veulent la République imposée ou ceux qui rêvent la Monarchie escamotée reconnaîtront avec stupeur que le président du pouvoir exécutif n'a point abusé uniquement au profit de ses sympathies de la position nouvelle qui lui était faite par le vote de la proposition Rivet. En ce qui le concerne, il semble ne voir dans l'accroissement de pouvoir qui lui a été donné par les décisions récentes de l'Assemblée qu'une occasion de maintenir avec plus de force et d'énergie que jamais le pacte de Bordeaux. On s'en était écarté avec plus ou moins d'arrière-pensées. Le message nous y ramène. Le pays, qui pouvait se croire dépossédé, par le vote de l'Assemblée, du droit de fixer lui-même ses propres destinées, est remis de fait en possession par les déclarations catégoriques du message. Le Gouvernement tient toujours pour la République *acceptée*. Il la désire sans doute, mais il admet que les électeurs peuvent être d'un autre avis et qu'ils ont la faculté de délibérer encore avant de se clouer définitivement à une forme quelconque de gouvernement. Nous croyons fermement, quant à nous, que la République ne peut que gagner à cette élaboration prolongée, et que M. Thiers la sert très-loyalement et très-habilement en la soumettant à de nouvelles épreuves dont elle sortira plus forte et plus nécessaire. Nous le croyons, et nous le souhaitons. Mais, n'étant ni des sectaires ni des illuminés, nous admettons que la majorité du pays ne partage ni nos espérances ni nos convictions, et si, par malheur, les partisans de la République pouvaient être encore vaincus, nous ne voulons pas ajouter aux douleurs de la défaite la honte d'une usurpation ou d'un escamotage.

A un autre point de vue, nous voyons aussi avec plaisir le Gouvernement apporter la même loyauté dans les questions budgétaires et ne pas chercher, en invoquant la nécessité, à obtenir des votes de confiance sur la question si difficile et si embrouillée des impôts. Sans doute, avec moins de scrupules, on eût pu se servir de l'escopette braquée par les Prussiens sur nos caisses et transformer les tromblons allemands en arguments pour décider la Chambre à modifier et à bouleverser tout notre régime économique. Sans doute, l'occasion était belle, pour un gouvernement soi-disant habile, d'emporter de haute lutte le vote résigné de ses adversaires. Le pays saura gré à M. Thiers et à ses ministres d'avoir dédaigné ce genre d'habileté.

Dans deux mois, alors que le calme et l'ordre seront

partout rétablis aussi bien dans les idées que dans les faits, l'heure sera propice pour examiner à loisir ces problèmes si complexes et si difficiles à résoudre. La Chambre, maîtresse en dernier ressort, prendra telle décision qu'elle jugera préférable aux propositions du Gouvernement. Mais, en tout cas, les contribuables ne seront pas fondés à dire, comme ils l'ont fait justement sous l'Empire, au moment des traités de commerce, qu'ils étaient les victimes d'un coup d'État économique.

La lecture du message présidentiel marque une phase nouvelle dans notre existence. Jusqu'à présent, nous avons vécu, il faut bien le reconnaître, dans une sorte de brouhaha, de cahos, chacun tirant à soi sans savoir exactement s'il tirait bien sur le câble qui lui appartenait. Pendant deux mois, les députés, mis en contact avec leurs électeurs, vont pouvoir se rendre compte de l'état moral du pays, qu'ils sont bien excusables d'avoir ignoré ou méconnu, étant données les transformations qu'il a subies sous l'impression d'événements aussi effroyables qu'inattendus. Pendant deux mois le Gouvernement, délivré du souci de discussions quotidiennes, va pouvoir procéder à la réorganisation des services, et n'être plus obligé, servante à tout faire, de courir de la cuisine au salon, sans s'arrêter à aucune besogne, au risque de laisser brûler les rôtis et de mécontenter tout le monde, ses maîtres et ses aides. A la rentrée, le pays se retrouvera dans les conditions normales d'existence d'une nation forte et libre. Il aura un gouvernement, une administration réorganisée, des députés retrempés dans la fréquentation du suffrage universel. Il ne dépendra que de lui, une fois en possession de ses instruments, de s'acheminer sans

secousses et sans recul vers les institutions capables
de réparer ses désastres et d'assurer son avenir.

HECTOR PESSARD.

—

L'UNIVERS

Nous avons un message du Sérénissime. M. le président nous permettra de lui donner ce titre : il est vraiment très-serein, plus serein même que le temps, qui
lui apparaît sans aucun point noir. Dans toute l'Europe
et dans le monde entier il n'y a que M. Thiers et l'*Au-
rore aux doigts de rose* qui puissent ainsi parler politique. Tendant ses doigts de rose, M. Thiers demande
quoi? qu'on le laisse faire ; et tout à l'heure de ses
doigts de rose tomberont les alouettes toutes rôties.
La France, réinstallée d'abord à table, et bientôt en
selle, va se nourrir d'alouettes rôties. Et parmi ces dé-
lices, recevant de son président plus de beurre encore que de pain, elle délibérera de se constituer en
monarchie ou en république. M. Thiers ne se prononce
ni pour l'une ni pour l'autre forme de constitution. Il
tient strictement la balance. Quel plateau penchera?
Celui où tomberont les alouettes toutes rôties.

Nous disions hier que, si M. Thiers venait à se trouver en conversation intime avec le chef de l'Internatio-
nale, vraisemblablement Dieu ne serait pas introduit
dans l'entretien. M. Thiers nous prouve qu'en tout cas
Dieu n'y serait pas introduit par lui. Dieu ne paraît ni
de près ni de loin dans ce message adressé à l'Assem-

blée qui naguère votait des prières publiques pour que
la France fût délivrée de la sauvagerie communeuse,
c'est-à-dire de l'athéisme pratique, lequel est la néga-
gation de la société autant que la négation de Dieu. Dieu
n'est pas nommé! Puisqu'on n'a plus du tout besoin de
lui, à quoi bon le nommer? Il faut faire court, et le
message était déjà suffisamment long.

Aucune mention de Dieu, aucune mention de l'intérêt moral quelconque dans un tel acte du chef d'une
nation qui vient de passer par les Prussiens et par les
pétroleux, et qui ne peut pas encore se vanter d'en
être quitte! C'est cet effrayant oubli qui nous fait tris-
tement sourire du possible de M. Thiers et de sa bonne
volonté, que nous ne nions pas. Nous ne faisons aucun
fonds sur sa bonne volonté, parce qu'il ne *sait* pas.

En Algérie, on exige de ceux que l'on met à la tête
des bureaux arabes qu'ils sachent l'arabe, et ils étu-
dient le Coran, parce qu'il n'y a pas moyen de connaître
l'*arabe* si l'on ne connaît le Coran. L'Arabe est fils de
ce livre et par la langue et par le cœur.

La France est fille d'un livre plus antique que le
Coran, plus vivant encore à l'heure qu'il est, et qui a
fait et soutient toujours une autre civilisation. Ce livre
est l'Évangile. On ne peut véritablement connaître la
France, son esprit, son âme, ses aspirations véritables,
ses maux et leur remède, si l'on ne connaît l'Évangile.
La France est chrétienne, et, à moins de connaître l'É-
vangile, on ne parle pas le *chrétien*. M. Thiers en est là.
Il est né, il a vécu, il s'est maintenu dans cette igno-
rance pleine et entière jusqu'à l'âge de n'en pouvoir
plus sortir; et là en furent et en sont de plus en plus
tous les hommes qui nous ont gouvernés depuis qua-
tre-vingts ans. Ils n'ont pas fait à la pauvre France

l'honneur qu'ils sentent nécessaire de faire aux barbares.

Aussi nous gouvernent-ils à rebours, ce qui tout à la fois explique tout et donne lieu de craindre tout.

Nous deviendrons la pitié et le mépris de tout le monde.

Louis Veuillot.

FIN

TABLE DES MATIÈRES

TYPOGRAPHIE JOUAUST

IMPRIMEUR DE LA LIBRAIRIE DES BIBLIOPHILES

RUE SAINT-HONORÉ, 338

A PARIS

www.ingramcontent.com/pod-product-compliance
Lightning Source LLC
Chambersburg PA
CBHW061255050726

47594CB00004B/1484